JN438274

사물을 심은 나무

시와문화의 시집 012

사물을 심은 나무

권정수 시집

시와문화

■시인의 말

김소월, 이상, 윤동주는 일찍 세상을 떠났다.
이들의 죽음이 내것처럼 여겨진다.
나는 일찍 요절한 시인들의 명을 이어
대신 시를 쓰고 있는 것은 아닐까.
내 꿈은 마침표 아닌 쉼표로 끝난다.
선박은 항구에 닻을 내리지만
영원히 거기 머무는 게 아니고
다음날 다른 항구를 찾아 떠나고 떠나야 한다.

2013년 봄
동해에서
권정수

|차 례|

제1부 그 집

제2부 앓는 항구

제3부 정동진의 노래

제4부 홀로 젖는 그림자

제1부
그 집

모란

모란꽃이 핀 자리에는 새가 와 앉지 않았다
대신 나비가 와 앉았다
나비가 와 앉으면 꽃이 되고
새가 와 앉으면 나무가 된다
새는 꽃을 따며 꽃과 작별했지만
나무는 가지 사이에 해가 들어오는 길을 열어 두고
새가 앉았다 간 그늘 자리에 따뜻한 꽃방석을
깔아 놓았다
꽃방석이 없는 몇몇 그늘 몽우리들은
꽃방석 대신 빨간 지붕을 이고
쏟아져 내리는 햇살들로 이어져 피어나면
집은 뜰 앞에서 몸을 돌려 일상의 시름을 쫓아낸다
모란이 다시 모란꽃이 되기를 기다리듯
둥근해 반쪽은 다시 둥근해를 기다리며
나비의 몸짓이 꽃 속에서 흐릿해질 때
꽃방석이 있었던 자리를 새가 지켜보고 있었다.

탱자나무

탱자나무에 널어놓은 군복 한 벌이 울울한 가시에
찔려 울고 있다
곧 아들의 입대를 앞둔 어머니 눈물같이
탱자나무 길가에서 군화를 닦는 어머니가
군화끈을 매는 아버지를 멈췄다
아버지가 없어졌다
탱자 울타리 한소대가 길모퉁이를 돌고 있다
솜씨 좋은 정원사가 탱자 한소대를 삭발하며
뒤따라 가고 있다
아버지는 일렬횡대로 뒤떨어진 누런 대머리
탱자였다
아들은 오열종대로 따라가는
탱자나무속의 서슬푸른 빡빡머리 탱자였다
탱자 행렬이 있는 환상적인 남녘
아버지는 없고 어머니가 만든 아들의 자식놈의
손자놈이 걸어 들어갔던 그 행렬 속에서
수많은 것들 가운데 하나인 탱자, 탱자가
군화에 밟혀 곧 입대하게 될 씨알을
받아내고 있다

그 집

그 집에 가면 햇빛과 그늘 빛이
교차됩니다
한쪽엔 격자 유리창이 있고
다른 한쪽엔 오래된 우물이 덮개를 닫고
반쯤 베일에 가려져 있습니다
뜰앞에 있는 사과나무는
보지 않았습니다
왜냐하면요
사랑스러워 한입 깨물면 끝까지
먹어야 하기 때문입니다
뜰 밖 언덕길 옆에 서있는 전봇대는
보지 않았습니다
왜냐하면요
사랑스런 불빛이 외눈으로
깜박깜박 윙크하기 때문입니다
그러한 집에서 진짜 사랑이
별을 보고 있었습니다

떡갈나무의 일기

키 작은 사람이 키 큰 떡갈나무를
봄부터 겨울까지 주욱 지켜보고 있었습니다
키 큰 떡갈나무는 서 있으면
앉고 싶고 앉아 있으면
눕고 싶고 누워 있으면
자고 싶고 자고 있으면
깨고 싶어했습니다

퍼플 피플

잡스는 와인 컬러를 디자인 해 놓고 먼길을 떠났지
떠난 잡스를 그리워하며 내가 추모하고 있을 때
붉은 날개를 흔들면 천사가 날아왔다
단지 블루컬러였지
잠시 달려 왔다 달려 가는 파도였지
잡스는 퍼플을 두고 떠난 사랑이었지
사랑은 파도처럼 달아나면서
접근하고 접근하면서 달아났다
봄이 다시 온다면
나는 잡스로부터 러브콜을 받는다
죽은자와 산자는 분리되지 않는다
블루컬러는 우리 사이의 심부름꾼이지
눈부신 새의 울음처럼 뜨거운 피가 흐르는
실존의 날이 밝아오면 따뜻한 우주가 깨끗한
화선지 위에 신비롭고 창의로운 퍼플의 개념을 내려 놓는다

날갯짓

책장마다 날개를 접은 잎새들이
떼를 지어 빼곡이 앉아 있었다
잎새들은 일몰이 월계수 가지를
금색으로 물들일 때까지 어느 하나
움직일 기미가 보이지 않았다
잎새들의 날갯짓은 책속에서 시작하고
책 속에서 멈추는 한집의 뜨락
그곳에 갇혀 저를 애타게 그리는 동안
월계수가 흔들릴 때면
잎새들은 날개를 활짝 펴고
작은수에서 큰수로 착지를 옮겨가며
나무 이름을 찾는다
자두나무 이름이라도 찾는 듯이

나잇값

세상이 내게 걸어 와서 물었다
당신 나이가 몇이냐?
나는 처음으로 분명히 말했다
내 나잇값은 비싸다
세상의 물건 값은 싸기도 하고 비싸기도 하다
나잇값도 싸고 비쌀 수 있다
나이를 묻는다는 것, 그것은
세상을 얼마나 바르게 살고 있나 하는
자기 반성일 뿐
물건에 값이 있다는 것도
사람 나이에 값을 붙여 놓고
제값을 하라는 것도 세상이 먼저 알고 있었다
나는 나잇값이 비싸다고 했을 뿐인데
사람들은 나이에 비해 동안이라고 한다
나이가 어리게 보인다고 해서
결코 좋아할 일만은 아니다

2월 초록봉

흰눈 머금은 고욤이 어미새의 먹이가 되고
구름이 한입 베어낸 그 곳을 향해 새치를
피게 한다
첫 봄기운이 둥지 밑에서부터 찾아와
분만의 보듬음을 품은 봉오리의 기운 모습이
젖을 물리는 모성을 보여준다
부모님 생각을 하다 보니 산이 염가지 뻗은
삼나무지게 위에 이미 가까이 와 있었다
산은 등짐과 한다리가 되어 등어리에
붙어있는 파스처럼 네개의 다리와
한 개의 등받이가 있는 안락의자에
깊은 어스름으로 품어주시리
아침이면 노을 물든 울음으로 잠든
어린 나무는 줄기에서 가지로 잎잎 사이
사이 꽃물이 들어 아장 아장 새순을 틔우리라

무릉계곡

천상의 모든 별들이 비상의 몸짓으로
방울방울 증발하다가
마지막 남은 별 하나가 삼나무 가지에 걸려
팽팽하게 부풀다가
끝내는 터지고 말았다지
은빛 날개옷도 옆가지 뻗은 삼나무 지게도
발밑에 묻었다지
하늘 아래는 그렇게 부서진 별들의 고향
그래서 눈물이 날 때
우리를 치켜보게 한다지
치켜보다가 치켜보다가
끝내는 울음보가 터져
무릉계곡으로 흐르게 한다지

오십천이 우려낸 코스모스 꽃물

오십천 다리가 목이 마르면 시린 물이나마
한모금 마셔는 보겠지만
다리의 생각은 버석대는 마른 모래입니다
무너지기 위해 태어난 다시 붙인 관절은
여름이 물었다가 버린 매력 없는 모기 다리였다가
얄팍하게 신어도 시린 버선발을 뎁혀
코스모스 아장대는 꽃물을 노저어 갑니다
가을아 솜사탕 쥔 조막손을 잡아주지 않으련
너의 손금에 내가 살아온 세상이 메달렸으니
서 있는 자리 라는게 찡하니 코끝은 울고 울고
조심 조심 받들고 걸러낸 속내를 묻어내 보니
자주색 꽃가루에 숫펄처럼 앉았다 간 서리 서리는
오십천이 우려낸 핏빛 꽃물입니다

포도나무와 아이

늦가을 돌박이
아이 하나가
포도 넝쿨에 잡혀
마른 젖을 빨고 있다

어제는 한 모금
오늘은 반 모금

제2부

앓는 항구

D컵

손잡이가 달린 이 열매는
몇 개의 여자를 하나로 묶어 놓은 과일나무다
새의 경솔함이 과즙이 담긴 컵을 채가지
않았기에 나비가 날아오고 시간을 거슬러
아담과 이브는 열매의 크기와 껍질의
매끄러움과 단맛을 알았을 적
천사가 날개를 흔들며 멀리 날아가곤
다시는 돌아오지 않았을 적
뱀의 간교한 꾐에 빠져 다시는 가지에
꽃을 피울 수 없는 남자 젖꼭지와
D컵으로 원죄를 덮어 쓴 여자가
우는 아이들에게 유축한 손컵을 써먹곤 하였다

고열

네가 피곤에 지쳐 일상으로부터
벗어나려던 그 봄이 내게도 찾아왔다
나 역시 그 곳에 도취되어
황혼과 포도주가 얼굴과 뺨에
뜨겁게 달아오를 때까지
어스름이 계속 축배를 들게 내버려둔다
나는 홀짝홀짝 마셔 취하게 된
옛 자취를 따라 슬금슬금 기어나간다
이미 오래전에 여윈 어머니 손이
내 이마를 쓰다듬는다
새로운 봄이 어머니 품으로부터
돌아온다
일상이 지치게 되면 내 이마 위에
둥근띠가 놓인다

산딸기의 노래

지상의 모든 산은 쿨렁쿨렁
딸기코의 훌쩍임이고
지상의 모든 봄은 비틀 비틀
취객의 물구나무 선 꼴이니
콧물 범벅인 꿈을 놓을 곳은 어디
샌드위치 속을 채우자니 원형은 없고
으깨진 몸뚱아리를 서로 껴안고
세상 맛을 보듯
서로의 몸을 핥는다

축구에게

한 목소리 되어 들어가더라
합친 함성으로 둥굴더라
그물에 철렁 성취되니
따라서들 안팎이 하나이다
지구 한 구석에
젖은 빵의 어린이가
발목에 사슬 팔목에 땀방울로
둥글게 둥글게 만들었구나
그들의 내뱉음은 둥근 것인가

국화

내 언어 바람에 찢어져
아 아 모음만으로 가을을 지석한다
처마 밑에 불확실한 감시야
그만 저물기 전에 가버려라
칠삭둥이 홍시 하나에 제 뜻을
잊어버린다
어느새 차가운 땅과 입을 맞추니
맨 처음 사소한 연유는 이제 다 알았다
수고로운 국화로 인해

앓는 항구

내가 한달에 한번 마술에 걸릴 때의 일이지
나는 빨강 고무통에 수도꼭지를 틀어놓았지
일생을 비틀어 놓았지
하늘에서는 물비누를 보조했지
나의 강은 흐르고 흘러 사천개의 달강을 만들어 놓았지
길고 넓은 다달이 강은 황급히 항구로 달려갔지
나는 출구를 막으려고 수도꼭지를 잠가버렸지
일생의 피붙이들이 마법에 풀려 물가에 서 있었지
내가 한달에 한번 마술에 걸릴 때의 일이지
나는 빨강 고무통에 사천개의 달강을 만들어 놓고
내 피붙이들이 빠져 허우적거릴 때 누군가로부터
구조 요청을 받았지
날개형 쪽배를 달고 강을 거슬러 오르는
항구가 있었지 항구는 빨강 고무통에 들들
졸아 작은 요강에 갇히고 말았지
항구는 강을 거슬러 어머니 자궁 속에 정박중이다

두견화

느릅나무 무릎에 붉은 물이 내비친다
수줍은 배수건을 등 뒤에 감춘 아이의
겉 다르고 속 빨간 알몸을 드러낸
자두였다가 초경이 낸 흔적처럼
그리운 아픔이었다가
몸살이 그 때 처음 왔었는데
그 흔적으로 묻어둔 몸 속 어딘가에
숨어 있다가 잊혀진 시간이 지난
다음에야 갱년의 바람으로 와서
지독하게 재촉한다
그렇다면 스미면서 붙들어준
느릅나무 우려 낸 붉은 물에 담그겠다
아내가 되기 전 처음 겪은 수줍은
배수건의 그 예뻤던 아이를
불러내리라

구불구불한 길

인적이 끊긴 길 위에서 나무 하나가 멈춘다
물이 끊긴 길 위에서 나무 하나가 멈춘다
길이 끊긴 길 위에서 나무 하나가 멈춘다
언덕으로 가는 길 위에서 나뭇가지 하나가 멈춘다
그곳이 하늘이 있는 길이기도 하다

봉숭아 버선발

하늘이 죄 없는 죄를 물어 버선 속은 홍건히
괸 봉숭아 핏물에 젖어 있다
세월은 되새김질 하듯 어머니를 불러내서는
겨울밤 알전등 스위치를 뽑아버린다
버선발 거머쥐고 엉덩방아에 멍든 가슴은
베적삼이 품고 있는 노을일 뿐이다
어머니 발가락 관절마다 마이신을 뿌리면
봉숭아 발톱은 어머니가 시려서 움켜진 초승달이다
초승달 찾는 눈을 빨갛게 안약으로 밝히면
어머니 발톱엔 아까징끼를 발라야 한다
그러고 나면 눈이 졸망졸망 잘도 내린다
뒤뜰 고추장독 밑에 하얗게 찍힌 어머니 버선발은
걷다가 걷다가 아버지 딸기코 닮아서 빨갛게 젖는다

사물을 심은 나무

선한 열매를 악으로 물어 뜯네
나직이 초록이 싹트네
갑자기 빨강이 만들어지네
중심부에 먼곳에 대한 저항을 숨기네
홍수를 막을 것이네
유희의 가지가 사방으로 뻗네

가라앉은 수많은 모래가 삼라만상이
되는 것으로 거슬러 올라가면서

나뭇잎을 흔들 것 같지 않네

새똥

아침 일찍 그대 목소리에
턱을 기대다가

나는 하늘색 블라우스를 벗네

새인 그대 내 가슴에
흰 나비 브로치를 달아 놓고

큰 구름떼 속으로 날아들어 가는가
나도 그 속으로 날아들어 가리라

그대가 울던 날은 약속이 취소되고
다음날 소나기가 한차례 퍼 부었네

청옥산 할머니

청옥산에는 까털 복숭아 다섯 그루
밤나무 세 그루 머루나무 네 그루
다래나무 여섯 그루 모두 열여덟 그루 있다
불쑥 밤나무 한 그루가 양옆으로
몸을 털더니 두섬두섬 할머니를 이고 마을로 갔다

가을

울어서 눈이 붉게 됐습니다
나는 장님이 되어 길을 더듬거린다고
느낍니다

확신에 찬 내 감각의 나무는
더 이상 나를 믿지 않습니다

내가 느꼈던 것과 다른 것을
모았기 때문입니다

제3부

정동진의 노래

연탄의 노래

내 겨울이 붉타고 불타 재가 되면
충실한 검은 살의 하녀
잿빛 세상 홀로 남아서
벗어 놓은 내 뼈를 묻어주게
저 발치 찬바람 기다리는
나는 검은 방을 사랑하네
어둠을 여과하며
마른 빛 하나 어른거리지 않는
저 멀리서 너희 하나가 겨워 겨워
피하는 소리 들으며
밝은 봄날 목 꺾여 밟히도다

산이 말하는 바람 이야기

떨어져야 다시 사는 갈잎이라며
끈질기게도 제 모태에 대고 서걱서걱
알아달라 흙장난을 친다
바람이 풀잎 끝에 이는지 풀잎이 고 유치한
대가리로 바람을 쫓는지
가만히 있으면 참 좋을만한 자리로
몰려가 잠드는 꼴이다
고단한 촛불이 어여쁘게 졸고 있는
절간엔 혼잣소리가 언제나 준비되어
엎드린 허리로 잠긴 눈을 비빈다
쉴 참에는 딸 또한 오르니
두타산이 하루가 다르게 키를 늘리는
까닭이기도 하다
십리 안쪽 고욤나무에 새치가 피어남에도
쭈구러들어 야금야금 동사해 가니 어르고
달래줄 바람도 소용키는 하나 게 누구
내말이 말 같은지 따져볼 사람은 없소

봄

그 때, 나비는 책장을 마구 넘기며
나무 이름을 찾는다
나비는 지금 양쪽으로 펼쳐진
얇은 한 페이지가
자신이었다는 사실을 알지 못한다

돌에 맞는 강

지금 나 비명밖에 지르지 못하네
혼자 중얼중얼거릴 뿐
순종하며 낮게 낮게 머물 뿐

혹은 외로운 자를 위하여
침묵할 뿐

완전한 회복

내가 회복기 중간을 펼쳐 놓고
호전과 악화로 거듭나고 있을 때
밖에서 큰 바람이 소리친다면
나는 거짓을 꾸며 책속으로 들어가지요
바람이 옷깃에 스치면
나는 바람에 대하여 알게 되지요
나를 향해 불어오는 바람은
무겁기만 하지요
무거움은 다시 일어나지만
나는 그것을 덮어버리고
잊어버렸습니다 내 안에서

열을 지은 자작나무

자작나무 한 그루 하얗게 서 있습니다
그 옆엔 자작나무 두 그루 서 있습니다
그 뒤엔 자작나무 세 그루 서 있습니다
그 뒤엔 자작나무 두 그루 서 있습니다
그 뒤엔 자작나무 다섯 그루 서 있습니다
자작나무들은 형제처럼 다정하게
서 있습니다

봄내음

산 한 모퉁이 하얗게 새치가 핀
돌무더기 옆에 여윈 허리를 칭칭 싸맨
산수유가 흰 붕대를 풀고 있다
어두운 피난처를 발견한 나비 한 마리
그쪽 그늘 자리에서 저쪽 산 너머로
날아갔다
그때 마을에서 웃음소리가 들려왔다
마침 바람이 이쪽으로 불어온다
나는 죽죽 터진 입들을 받아 앉는다

눈물의 씨앗

한 눈물이 운다
실핏줄 이어진 물줄기를 타고
포도송이 주렁주렁 단맛이 이골이 난 눈물
뭉개져 손등을 더럽힌 눈물
장마가 이리 저리 끌고 다니다
처마 끝에 눈물은 도망자의 눈물
흐르다 지쳐 땅 속으로 스며들어
마침내 승화되어
그대와의 고향에는
눈물의 씨앗이 그렇게도 흔한가요

모래이불의 잠

출렁이는 이는 출렁이지 않는 이뿐
제가 걸친 살의 맨몸으로 다정했다
어젯밤 버린 조개껍질 위에서 모래가
수대로 이별하는 과거와
다음날 꾸는 불확실한 꿈
꿈을 꾸지 않으면 잠이 아니다
뜬눈이면 다른 곳에도 있다
그렇다 너는 오후의 예감과 다시 고친
병으로 누워 있다
배꼽의 잔을 부딪치며 헤어지지 않으려고
잔을 돌리더니 누운 잔 위에 짧은 그림자가
길을 묻고 있다
길 밖에 누가 반나절만 짓고
무너지는 집 고치더니
걸친 옷이 무거워 넘어지려 한다
갈 때에
한철 쉬었다 깔아 놓은 모시이불을
손질할 차례는?
어제 든 잠과 딱 맞지 않는 꿈

큰 나무 아래

큰 나무 아래 약하디약한 묘목 하나가
고개를 푹 숙이고 있습니다
큰 나무의 가슴은 바람들을 막아보려는
어머니품 같았지만
땅속 제뿌리에 죽은 어느 자매의 우정에
닿았기에 뜰에서 부는 포근한
바람 속에 꽃피우지 못한 채
너무나 많은 주검들에 짓눌린
붉은빛 감도는 한떨기 같습니다

정동진의 노래

정동진 바다에서 출렁출렁거리는 소리는
어떤 노래들인지
해무에 절어 오래된 감정으로부터
나오는 소리는 어떤 노래들인지
내 노래로 물결들이 내는 소리를
세상 사람들에게 알려야겠다
정동진 바다는 언제부터인가 눈이 보이지 않아
비오듯 쏟아지는 말소리에 텅빈 귀를 막고 있다

빨간불

마악

빨간불이 떠나오기 시작할 때

두발 자전거가 지나가고

흰 지팡이를 짚은 노인이 횡단보도를 지나

비로소 횡단보도를 생각하네

밥과 국

밥은 웃음이고 국은 눈물이다
삶은 가슴으로 들어가 고통에서
나오는 기쁨을 마신다
밥과 국은 결코 삶 밖으로 분리될 수 없다

제4부

홀로 젓는 그림자

거미줄에

날개는 갇혀 있을 때 더 많은 비상을 꿈꾼다
선풍기는 코드가 빠졌는데
떠나는데 익숙한 다리는 스무 시간이나
허공을 긁어댔다
안경집은 비어 있고 대접에는 바다가 있다
거미줄에 목맨 손이 허우적거린다
어둠이 마악 떠나오기 시작할 때
글씨 하나가 흐른다
아! 파리만도 못한 생명
안경 안엔 가벼운 목숨이었네

어둠으로부터

어둠은 바깥에서 마지막으로 흰옷을
입고 제 옷을 찢으며 안으로 들어옵니다
입구가 깊은 고독으로 이끌려
천 개의 작은 문은 닫혔습니다
언어는 고갈됐습니다
언어는 소음을 위한 많은 말들일 뿐입니다
학문은 비로소 책을 펼칩니다
새들은 검은 날개를 움직여 말이 적혀 있는
목소리를 가져갑니다
소리들은 텅비어 있습니다
열린 접시들은 열린 시선으로 보고
대문은 두드리지 않습니다

한 가슴을 닫고 있는 새로운 것이
다가오고 있습니다

약과를 만지며

큰 숲이 흔들리는 작은 나무들을
껴안아 차고 외로운밤 꼬박 하나가 되어
깨끗한 새벽을 맞는다
사랑하는 사람은 언어를 넘어
눈빛으로 서로를 들여다 본다고
서로를 감싸느라 깊은 상처 새겨지더라도
하나도 아프지 않다고
저를 다 버린 큰 숲은 넉넉하다

겨울 백봉령

길고 높은 목소리
내 이제껏 부른 노래
흔적이 없네
다음 굽이는 없네
후렴이 없네
당신에게 전화를 거네
뚜뚜뚜뚜
아무도 받지않네
나는 후회하네
나는 꽉 막힌 세상을
살았었네
전해다오 전해다오
단단하고 단단한 빙판이
되어가도 있는 눈물의 굽이길을 짚어
뒷걸음질 치고 있다고

겨울 계곡

거침없이 떠미는 계곡의 물에
능동적이려는 경향이 서려 있다
어떤 애착에 의해 지나친 까닭에 대해
의미해야 하는데
물길에 떠밀려 미끄러져 가려는 시간들
계류 위에 한없이 떠 있으려는 수동적인 몸짓도
이와 다르지 않은 세상 또한
바쁘게 빼앗아 가려는 많은 속성 앞에
겨울계곡은 신선의 어진 턱수염으로
이를 막아 보려는 한 사나이와 같다

백사장 앞에서

이 무한함은 가늠할 수 없는 무게로
밀고 당긴자의 고독한 가슴을 드러낸 것인가
바람은 물결의 날개짓을 도울 것인가
찢어버릴 것인가
삶은 작은 알갱이들이 모여 커다란
모래집을 지어줌으로써
살아갈 이유이기도 하고 무너진다는
생각은 시작을 요령껏 눈안에 담음이니
이대로 부서진 모래나 될까
그래 보아야 단 한번에 부서지고 말
단순하게 정리된 대상

우물

둥근 테두리 속의 푸른물은 하늘의 배경을
모방하며 꿈을 증식한다
가능성을 찾은 한 두레박은 진종일
퍼내고 퍼냈지만 물의 뿌리를 찾지 못했다
운명의 타격을 받아 갈갈이 찢어진
뿌리를 만드는 소재들 뿐이었다
뼈만 남은 물의손은 수차례 허공으로
손길을 주어 표면의 영상을 새로운
영상으로 대체시켰다

홀로 젖는 그림자

어둠이 허리쯤 올라와
손바닥 굳은살 그림자를 지울 때
제 모습에 놀란 주변은 사라지고
근근히 끌고 온 길과 약속으로 살아온
사람이 다가온다
젊어서부터 빠알간 나의 피로
꼴값을 하게 된 분재를 바라보며 화훼를
면전에 놓다 말고 주루룩 구겨 넣은 저녁
밥이 안심이다
볕 데워 붉디 붉게 치장을 해준
해당화는 햇빛 시린 반대쪽으로 가기만
하니 바람은 시퍼런 화가될까
도와줄까 두어볼까
어떻게 변했는지 남겨진 사람은
있는 건지 저물어 가는 하늘에 길들여져
맥없이 깊어만 가는 그림자
심심한 차 한 잔 찔끔찔끔 마시며
끌려 다니는 꿈속에 숨어
수백 번 고쳐보는 홀로 젖는 그림자

머루 속 아이

어둔 언덕 비탈을 너덜 너덜 부여잡고
부대끼는 새끼가
이미 헤진 젖꼭지를 물고
사이로 기어 나와 본색으로
모양을 갖추니
어둔 그림자조차 같은 색으로
입혀졌고 언울음을 삭이긴하나
말갛게 걸러지겐
할 수 있을런지

펙

언제나 같은 방향으로 길들여진
길을 지나쳐 왔을 때
너를 향한 그길을
역방향으로 다림질하며
눈물 스민 거즈의 콘센트를 뽑는다
이 예리하고 미세한 손가락들이

화

나 화났네
욱 하고 치밀어 오르네
부글부글 끓어 오르는
에너지를 나 지켜보고 있네
오 벌써 사그라지는구나
사랑스런 나의 탄산수여

여름 바닷가

돌고래의 밥통에다 멸치 꽁치 갈치를
쑤셔 넣고 세상이 짓이겨 만든 치사한 눈물 콧물을
섞어 국을 끓인다면
하늘은 얼큰한 고춧가루를, 바다는 짭짤한
소금가루를 부조해야 한다

바람피우다 눈물나는 모래는
땀띠와도 죽도록 몸살을 앓고
쪼개놓은 자기 살에 베긴 돌에 대한
소유욕으로 파도를 밀고 당기고
온종일 바쁘다
보고만 있기가 참 안타까워서
궁뎅이로 신나게
그만해라 버무려 주어 버렸다
세상에서 제일 싱싱한 회를 맛본
쌍곡선을 지워버리지만 않았어도

나는 배였을…

빛과 그림자

빨간 편지함 하나 배롱나무 두 그루
종류석 하나 오래된 우물 하나
개밥그릇 두 개 격자 유리창 열다섯 개
달이 뜨면 모두 달빛에 젖습니다

진돗개 두 마리 여자 하나 남자 셋
테이블 하나 의자 넷
빨래줄 하나 장독 여덟 개
달이 뜨면 모두 빈자리만 달빛에 젖습니다

집이 빈자리를 그림자로 바꾸어 놓으면
집은 그림자들이 지나간 뒤 달빛만 가득합니다

바다는 바다로 들어와

바다 속으로 사라지면서 더욱 그리운 이다
우리의 눈꺼풀 아래 잠든 바다는
언제나 잠들지 않는 바다가 되고싶다
바다는 바다에서만 있지않다
빈공간 모든 곳에 있다
심수봉의 빈 가슴에도
남자는 배 여자는 항구인 그대들이여
오후에 느릿느릿 파내는 눈물 속에서
어제 마신 술이 빨갛게 고여
정오에 한사발 식은 숭늉으로 마시고 또 마시는 땅
에
쓰러져 삼천그램의 물과
스무시간의 고기로 배를 채우고
다시 채울 수 있다면
마지막으로 가장 든든함이 이룬 그대 살속에
오래 전에 굳어 진화의 응석꾸러기들로
모래는 들끓었다

원래대로인 모래 몇 알만이 한 천년
깊이깊이 바다를 마신다

그의 어머니가 손짓하면, 모래에게

누구도 제 거죽을 가릴 수는 없다

■해설

동해에서 건져 올린 시의 꿈

박 몽 구
(시인 · 문학평론가)

인적이 끊어진 겨울 동해에 서서 창망한 수평선을 보는 것만큼 우리네 가슴을 벅차게 만드는 사태는 없을 것이다. 팽팽하게 펼쳐져 하늘까지 닿은 물길을 따라 가다 보면 어느 새 막혔던 것이 환하게 뚫리게 마련이다. 황혼을 등에 지고 그 바다 한가운데를 건너가는 고깃배 한 척을 보면 문득 가슴이 뭉클해지곤 했던 기억이 새롭다.

권정수의 시에는 그가 거느리고 사는 동해처럼 짠물이 배인 삶과 함께 멀리 팽팽하게 펼쳐진 수평선 같은 전망이 고스란히 담겨 있다. 동해 일출이 일렁거리는 추암리 앞바다에 자맥질하여 건져 올린 전복과 함께 값진 땀이 배인 잠녀의 건강한 미소가 담겨 있다. 그것은 그만큼 그의 삶이 동해를 배경으로 치열하게 펼쳐지고 있으며, 그만큼 그의 시에는 살아서 퍼득이는 동해가 담겨 있기 때문이다.

미명의 모호함 속에 던져졌던 가을, 서서히 물안개가 벗겨지며 드러난 산자락은 참으로 눈부시다. 입동을 얼마 남기지 않은 쌀쌀한 공기가 초록의 힘을 거두어 단풍들게 한다.

권정수의 시편은 가을날 물안개 걷히듯 읽는 이들의 마음을 따스하게 밝히는 힘을 지니고 있다. 그의 시에는 우리가 잊고 지내던 서정의 힘이 잔잔하게 배어 있을 뿐 아니라, 오늘을 살아가는 여성으로서의 당당함이 깃들어 있다.

> 내가 한달에 한번 마술에 걸릴 때의 일이네
> 나는 빨간 고무통에 사천개의
> 다달이 강을 만들어 두고, 내 피붙이들이
> 물가에 빠져 허우적거릴 때
> 누군가로부터 구조요청을 받았네
> 날개 형 죽지를 달고 강을 거슬러 오르는
> 항구가 있었네
> 항구는 빨간 고무통에 들들 졸다
> 작은 달강에 갇혔네

–「앓는 항구」 부분

여성이 한달에 한번씩 맞는 생체 리듬의 변화를 소재로 하여 여성성의 본질을 투시하고 있다. 화자는 '마술'이라는 시어를 통하여 비록 작고 여린 존재이지만 스스로 고통을 감내하는 달거리를 통하여 우주적 존재로 거듭나는 여성성을 드러내고 있다. 나아가 '강', '항구' 등의 상징 시어를 통하여 제 갈길을 잃고 허우적거리는 남성들을 넉넉하게 안아들이고, 나아가 넓은 세상으로 데려가는 선도자라는 의의를 부여하고 있다. 시인은 직설적인 화법을 택하는 대신 '달강', '빨간 고무통' 등의 선명한 이미저리를 통하여 내조와 육아를 통하여 넓은 세계를 열어주는 이타행을 궁행하는 여성상을 농밀하게 함축하고 있다.

권정수 시인이 보여주는 시세계는 이렇듯 자아의 상처를 마다하지 않는 가운데서 그 품안에 든 사람들에게 넓은 세상을 열어놓는 여성성에 대한 자각을 주제로 삼고 있다. 주목되는 것은 이성을 향한 부정이나 투쟁적인 언어보다, 상처와 희생을 마다하지 않으며 그를 둘러싼 세계와 인간상에 풍요로움을 더하는 대지적 여성성 구현에 비중이 두어져 있다.

대지적 여성성에 기반한 사유를 펼치다

권정수 시인의 정신적 토대는 이 같은 시적 사유에 바탕을 두고 있지만, 이번에 시집으로 묶으면서 더욱 성숙하고 단단해진 모습을 보여주고 있다. 시인으로서의 연조를 더하고 있는 것도 한 요인이 되겠지만, 그것 못지않게 시인의 내면이 더욱 알차지고 풍성해진 데 따른 소산이라 할 것이다.

> 네가 피곤에 지쳐 일상으로부터
> 벗어나려던 그 봄이 내게도 찾아왔다
> 나 또한 그 곳에 도취되어
> 황혼과 포도주가 얼굴과 뺨에
> 뜨겁게 달아오를 때까지 어스름이
> 계속 축배를 들게 내버려 둔다
>
> 나는 홀짝 홀짝 마셔 취하게 된
> 옛 자취를 따라 슬금슬금 기어 나간다
> 이미 오래전에 여윈 어머니 손이
> 내 이마를 쓰다듬는다

–「고열」 부분

위의 시에서는 여성성이 구현되어 가는 모습이 '봄'으로 환유되어 있다. 봄이 얼음 도가니에 든 계절을 꺼내어 생명이 움트는 시간으로 인도하듯, 여성이 연치를 더해가는 것을 늙음으로 한정시키지 않고 '도취되어/ 황혼과 포도주가 얼굴과 뺨에/ 뜨겁게 달아오' 르는 것으로 형상화하고 있다. 여기서 어스름은 화자가 다다른 연치를 상징하는 말이지만, 화자는 이것을 소진이나 낡은 것으로 읽지 않는다. 되려 '계속 축배를 들게 내버려 둔다' 고 언술함으로써 연치를 더하는 것을 대지적 여성성의 확장으로 해석하고 있다.

나아가 화자는 다음 연에서 '어머니' 상징으로 상상의 세계를 넓혀감으로 해서, 그가 지닌 여성성이 그 혼자만의 것이 아니라 한 여성에서 다른 여성에로 불붙듯 옮겨가는 것이라는 사유를 함축하고 있다. 화자는 결구에서 '새로운 봄이 어머니 품으로부터/ 돌아온다/ 일상이 지치게 되면 내 이마 위에/ 둥근 띠가 놓인다' 고 언술함으로써 그가 지닌 무한한 생명력은 어머니로부터 물려받은 것이며, 나아가 그 같은 대지적 여성성이 여성과 여성의 연대를 통하여 더욱 넉넉하게 확산되어 가리라는 믿음을 단단하게 구축하고 있다.

권정수 시인의 시세계에서 또 하나 특징으로 들 수 있는 것은 자연에서 취한 소재를 통하여 화자의 내면을 심도 있게 감정이입한다는 점이다. 대관령과 동해의 품안에서 시인이 언제나 만날 수 있는 '나무', '모란' 등의 시어를 통하여 세상을 보는 눈을 대신하고, 겉으로 드러내지 않는 가운데 시인의 내면에 심장해온 말을 조심스럽게 투사하는 걸 살펴볼 수 있다.

인적이 끊긴 길 위에서 나무 하나가 멈춘다

물이 끊긴 길 위에서 나무 하나가 멈춘다

길이 끊긴 길 위에서 나무 하나가 멈춘다

언덕으로 가는 길 위에서 나무 가지 하나가 멈춘다

그곳이 하늘이 있는 길이기도 하다

–「구불구불한 길」 전문

사물을 통한 감정이입의 세계

위의 시에서 '나무'는 곧 흔한 물상으로서의 사물에 그치지 않고 시인 자신을 투사하고 있다. 화자는 '끊긴 길'이라는 이미지를 통하여 화자를 둘러싼 세계 속 사람들이 서로 소통의 언어를 잃고 있으며, 나아가 마음의 통로가 굳게 닫혀 있다는 비극적 세계관을 드러낸다. 여기서 '인적'과 '물' 그리고 '길'은 각각 사람들이 서로 부대끼며 살아가는 인간 단지와 식색들이 뒤엉켜 살아가는 자연, 그리고 그 사이에 건설된 문명을 환유한다고 볼 수 있다. 이것들이 서로 유기적으로 읽히고 열려 풍요로움을 일궈가기보다 서로 등을 돌린 채 불통하고 있다는 것이 시인의 진단이다. 그러나 화자는 이 같은 비극적 세계에 순응하는 것이 아니다. 결구에서 '언덕으로 가는 길 위에서 나무 가지 하나가 멈춘다// 그곳이 하늘이 있는 길이기도 하다'라고 언술함으로써 갈등과 반목을 넘어 활짝 열린 소통의 세계로 나아가야 한다는 사유를 펼쳐 보이고 있다. 여기서는 화자는 자신을 나무로 환유함으로써 끊긴 길 앞에서서 잃어버린 방향을 묵묵히 가리키는 선지자가 되고

픈 마음을 입혀 놓고 있다고 하겠다. 간결한 형식 가운데서 오늘의 세태에 대한 진솔한 진단과 함께 불통으로 가득 찬 세계를 청산하고 열린 세계로 진입해야 한다는 사유를 넉넉하게 함축하고 있는 시이다.

아래에 보이는 「모란」에서는 자연을 통한 감정이입이 한층 더 구체적으로 드러나 있다.

> 모란꽃이 핀 자리에는 새가 와 앉지 않았다
> 대신 나비가 와 앉았다
> 나비가 와 앉으면 꽃이 되고
> 새가 와 앉으면 나무가 된다
> 새는 꽃을 따며 꽃과 작별했지만
> 나무는 가지 사이에 해가 들어오는 길을 열어두고
> 새가 앉았다 간 습한 자리에
> 화려한 꽃방석을 깔아 놓았다
>
> –「모란」 부분

모란은 흔히 계절의 여왕이라는 말과 함께 부귀와 지상의 아름다움을 상징하는 꽃이다. 결국 이를 통해 삶의 신산을 넘어 마침내 도달하고픈 삶의 화려한 개화를 염두에 두고 있다고 유추할 수 있다. 그 같은 '꽃' 이 피도록 매개하는 메신저로 화자는 나비와 새를 내세우고 있다. 화자는 '나비가 와 앉으면 꽃이 되고/새가 와 앉으면 나무가 된다' 고 언술함으로써 두 사물 언어가 환유하는 바를 함축하고 있다. 곧 나비와 꽃,

새와 나무를 연결함으로써 시인이 지향하는 바를 넌지시 내비치고 있다 하겠다. 즉 화자는 곤혹스러운 향기와 함께 화려한 꽃을 피우기보다는, 한 순간의 뜨거운 격정을 넘어 차가운 겨울에도 굴하지 않고 우뚝 선 나무와 같은 영원을 지향하고 있다는 점을 알레고리로 풀어놓고 있다 하겠다. 일상어를 사전적 의미에 유폐시키지 않고 가없이 넓은 의미의 공간을 열어놓고 있다는 데서 범상치 않은 시인의 눈을 들여다보게 해주는 작품이다.

어둠은 밖에서 마지막으로 흰옷을 입고
제 옷을 찢으며 안으로 들어온다
입구가 깊은 시간의 품속으로
천 개의 작은 문은 닫혔다
언어는 고갈됐다
언어는 소음을 위한 많은 말들일 뿐이다
학문은 비로소 책을 펼친다
새들은 검은 날개를 움직여
말이 적혀있는 목소리를 가져간다
소리들은 텅 비어있다
열린 접시들은 열린 시선으로 보고
대문은 두드리지 않는다

한 가슴을 닫고 있는 새로운 것이
가까이 다가오고 있음이다

–「어둠으로부터」 전문

클린스 브룩스에 따르면 현대시의 가장 큰 특질 가운데 하나는 '역설의 언어'라고 한다. 사전을 벗어나 사특한 언어를 남용하기보다, 기존의 언어라 하여도 의미를 새롭게 입히고 새로운 경험의 세계를 열어놓는 것이 중요하다는 생각이다. 역설의 언어가 제대로 작동하기 위해서는 상상력과 함께 이미지와 역설 등이 중요한 역할을 하게 되며, 표편적 언술과 내면적 의미 구성이라는 중층의 구조를 단단하게 구축하게 된다. 코울리지에 따르면, 상상력은 최초엔 의지력과 이해력에 의하여 활동을 일으키지만 그 뒤의 작용에 있어서도 계속 통제함으로써 서로 반대되거나 이질적인 성질들을 균형시키거나 조화시키는 데 진면목을 드러낸다. 즉 통일성과 차이성, 일반적인 것과 구체적인 것, 개별적인 것과 보편적인 것, 기발하고 새로운 것과 일상적인 것, 이런 것들을 서로 융합시킨다.

역설의 미학으로 중층구조를 구축하다

권정수의 시들이 보이는 특질은 위에서 검토한 역설의 미학을 바탕으로 단단하게 구축되어 있다는 점이다. 위의 시에서도 그 같은 점들을 어렵지 않게 찾아볼 수 있다. 화자는 우선 '어둠'이라는 상징 시어를 채용함으로써 난장에 던져진 피투체로서의 아픔을 암시하고 있다. 화자는 첫 대목에서 '어둠은 밖에서 마지막으로 흰옷을 입고/ 제 옷을 찢으며 안으로 들어온다/ 입구가 깊은 시간의 품속으로/ 천개의 작은 문은 닫혔다' 고 언술하고 있는데, 표면적인 진술과 내포된 의미라는 중층 구조를 단단하게 구축하고 있는 대목이다. 어둠의 상징성과 함께 '천 개의 작은 문은 닫혔다' 라는 알레고리적 표현을 통하여, 세계와의 불화 의식을 드러내고 있다 하겠다.

이 작품은 시어를 이항대립어로 분류해 보면 함축하고 있는 의미가 확연하게 드러난다. 즉 '어둠', '고갈', '소음', '텅 비어 있음' 등의 시어가 한축을 이룬다면, 그 대척점에는 '흰옷', '문', '날개' 등의 시어가 또 다른 의미망을 구축하고 있다고 하겠다. 이를 통해서 보면 화자를 둘러싼 아픔과 불통의 세계를 넘어 밝게 열린 세계로 나아가고픈 내면 의식을 단단하게 함축하고 있음을 유추할 수 있다. 그 같은 중층 구조는 결구에 든 '한 가슴을 닫고 있는 새로운 것이/ 가까이 다가오고 있음이다' 라는 대목으로 완결된다. 즉 화자를 둘러싼 아픔을 온몸으로 견뎌내고 밝은 세계로 나아가려는 의지를 형상화하고 있는 작품이라고 볼 수 있다.

> 큰 나무 아래 약하디약한 묘목 하나가
> 고개를 푹 숙이고 있습니다
> 큰 나무의 가슴은 바람들을 막아 보려는
> 어머니 품 같았지만
> 땅속 제 뿌리에 죽은 어느 자매의

우정에 닿았기에
숲에서 부는 포근한 바람 속에
꽃 피우지 못한 채
너무나 많은 주검들에 짓눌린
푸른빛 감도는 한 떨기 같습니다

–「큰 나무 아래 한 떨기」 부분

위의 시 역시 직설화법을 피한 가운데 자연에서 채용한 상징 시어를 통하여 시인의 내면을 표백하는 길을 택하고 있다. 이 시에서도 역시 '어머니'는 세계를 탄생시키고 어린 것들을 감싸 안아 넓은 세계로 나아가는 대지적 여성성을 띤 존재로 설정되어 있다. 화자는 무릇 차가운 불통의 거리를 살아가야 하는 존재를 '약하디 약한 묘목'으로 환유하고 있다. 그 여린 생명이 세상에 얼굴을 내미는 사태를 가리켜, 화자는 '땅속 제 뿌리에 죽은 어느 자매의/ 우정에 닿'았다고 언술함으로써 함께 살아가는 동료들의 이타적 희생에 힘입어 오늘의 자신이 있다는 자각을 드러낸다. 화자는 결구에서 '너무나 많은 주검들에 짓눌린/ 푸른빛 감도는 한 떨기 같습니다'라고 언술함으로써, 오늘을 살아가는 우리들의 생명 한 떨기도 소외된 자들의 희망을 등에 업은 채 주어진 귀한 것이라는 사실을 함축하고 있다.

몸은 인간이면 누구나 헤쳐 나가기 힘든 사바세계의 상징이다. 시인은 그 몸이 놓인 세계를 '제 뿌리에 죽은 어느 자매', '너무나 많은 주검들에 짓눌린/ 푸른 빛' 등의 이미저리로 환유하고 있다. 그것이 환기하는 정서는 몸을 혹사하지 않고는 한 걸음도 속 시원하게 헤쳐 나가기 어려운 세속의 삶일 것이다. 그러나 시인은 그것을 고통으로 치부하지 않고, 새로운 전망을 열어가는 징검다리로 읽어내고 있다. 조르쥬 바타이유는 육체로 구현되는 에로티즘을 퇴폐나 금기로 치부하지 않고, 정신의 매너리즘을 뿌리치고 거듭나는 동력이라고 설파한 바 있다. 권정수가 위의 시에서 '큰 나무의 가슴은 바람들을 막아 보려는/ 어머니 품'을 제시한 것은, 몸으로 꾸려가는 우리네 삶은 겉으로 보기에 늘 실패하지만, 대지적 여성성을 통해 이를 타넘을 수 있는 내적 논리를 펼친 것으로 해석된다. 시인은 이 작품을 통해 호혜와 상생의 정신을 구현하는 정서를 설득력있게 형상화해 내고 있다.

이제까지 권정수 시인의 첫 시집을 중심으로 그의 시가 딛고 있는 토양과 나아가려는 방향을 점검해 보았다. 자연에서 채용된 사물 언어를 중심으로 한 떨기 생명이 세상의 어둠과 차가움을 헤치며 살아간다는 것이 얼마나 값진 일인가 하는 점들에 대하여 힘주어 말하고 싶은 것 같다. 하지만 겉으로 드러난 직설화법을 피하면서 고도로 함축된 상징과 알레고리로 대응하고 있음을 살펴볼 수 있었다.

그와 함께 소외되고 힘든 세상을 건너는 데 있어, 자아를 넘어 이타행을 궁행하는 대지적 여성성이야말로 언덕을 넘어 밝은 세상으로 견인해 가는 무한한 힘이라는 사유를 함축하고 있다. 그 같은 사유들이 어머니, 나무, 강 등 일상어의 재해석을 통하여 역설적이면서도 풍부한 의미의 공간을 열어가는 것은 의미있는 작업으로 평가된다.

차제에 바람이 있다면 상징 시어를 통한 의미의 함축과 함께 좀더 풍부한 시상의 전개와 함께, 더욱 다양한 시어들을 채용한다면 그의 시는 한층 다채로워질 수 있을 것으로 보인다. 아울러 강원도 동해 바다를 삶의 근거지로 하여 살아가는 만큼, 바다를 사랑하며 가는 사람들의 실체적 진술도 좀더 구체적으로 수반된다면 그의 시세계는 더욱 풍성해질 것으로 전망된다. 자칫 메말라지기 쉬운 상징 시어 중심의 함축어법에서 벗어나 구체적인 삶이 시 속에 녹아들 때 그의 시는 좀더 인간적인 모습을 띨 수 있을 것이며, 시적 공감대 역시 더욱 넓혀질 수 있을 것으로 보인다.

사물을 심은 나무

찍은날 2013년 4월 25일
펴낸날 2013년 5월 1일
지은이 권정수
펴낸이 박몽구
펴낸곳 도서출판 시와문화
주 소 (431-821) 경기 안양시 동안구 비산동 572
꿈에그린아파트 103동 204호
전 화 (031) 452-4992
E-mail poetpak@naver.com
등록번호 제2007-000005호 (2007년 2월 13일)

ISBN 978-89-94833-05-7(03810)

정 가 8,000원